La alternativa ambiental

Puente editores
Barcelona, España
info@puenteeditores.com
www.puenteeditores.com

La alternativa ambiental

Gilles Clément

PUENTE EDITORES

Título original: *L'Alternative ambiante*, publicado por Sens&Tonka, París, en 2014.

Traducción: Diego Galar Irurre

© del texto y de las imágenes: Sens&Tonka éditeurs
© de la traducción: Diego Galar Irurre
y para esta edición:
© Puente editores, Barcelona, 2025

Printed in Spain
ISBN: 979-13-990143-3-4
Depósito legal: B 13056-2025
Impresión: Gráficas 94

Índice

El advenimiento de la ecología

En 1866, Ernst Haeckel tuvo "la idea y el privilegio de dar nombre al conjunto organizado de conocimientos relativos a los vínculos que se establecen entre los organismos vivos y su medio de vida, es decir, la ecología".[1]

Tal campo de estudio (ocuparse de lo que se sitúa "entre" y no solamente de lo que es) surgió como continuación lógica de las esclarecedoras comprobaciones de Jean-Baptiste de Lamarck y Charles Darwin[2] que vinculaban a todos los seres

---

[1] Dussart, Bernard, "Concepts et unités en écologie", en *Encyclopédie de l'écologie*, Larousse, París, 1977.
[2] Lamarck, Jean-Baptiste de, *La Philosophie zoologique. Première théorie de l'évolution*, 1802 (versión castellana: *Filosofía zoológica*, La Oveja Roja, Madrid, 2017); Darwin, Charles, *On the Origin of Species*, 1859 (versión castellana: *El origen de las especies*, Espasa-Calpe, Madrid, 2001).

vivos en un proceso de filiación y de transformación a lo largo del tiempo: la evolución. Haeckel se refería al vínculo en un momento concreto, y abordaba la cuestión de los intercambios entre los seres vivos y sus medios en la situación presente. Aunque no la mencionó de forma explícita, descubrió la "economía de la naturaleza".

La combinación Lamarck-Darwin-Haeckel produjo un impacto que la civilización planetaria dominante, embriagada de monoteísmo y certidumbres, no pudo asumir. Con todas sus fuerzas intentó desterrar al reino de las sombras el fantasma de la evolución, tan contrario a las cosmogonías aceptadas según las cuales un dios omnipotente había concebido y regía el universo. Con todas sus fuerzas trató de apartar a la afligida humanidad de una pulsión diabólica: aproximarse a la naturaleza. El principio de lo sobrenatural, que esta civilización pretendía inherente al ser humano desde su aparición en la Tierra, atravesaba los textos sagrados y, mediante un conjunto de representaciones tecnológicas y de convicciones tanto o más perseverantes, mantenía al ser humano a cierta distancia de su medioambiente. Isabelle Ștengers emplaza la creación de la palabra *naturaleza* en la antigua Grecia, en una época donde los observadores del medioambiente, deseosos de arrebatar este territorio al dominio de los dioses y de la superstición, intentaron comprenderlo y tomarlo como punto de partida de una ciencia objetiva. Augustin Berque asegura que esta "cierta distancia" se hizo mayor y menos franqueable con los avances tecnológicos (microscopios, catalejos, herramientas y máquinas), interpuestos entre el ser humano y su medio como un elemento de conciliación, pero también como pantalla.

A mediados del siglo xx, cuando la noción de la ecología se difundió y se convirtió en objeto de estudio científico, la sensación de dominar la naturaleza y de tocar con la punta de los dedos la producción alimentaria para todo el planeta y el fin de la miseria estaba en su punto álgido. Poco después de la II Guerra Mundial, un despliegue publicitario de productos surgidos de las industrias químicas y del maquinismo agrícola garantizaba a una población embelesada un futuro prometedor, donde, por fin, todo estaría bajo control.[3]

La recién nacida ecología se enfrentaba cara a cara con el pensamiento dominante, que

[3] Exposición de carteles publicitarios de productos y maquinaria agrícolas entre el 1800 y 1950. COMPA, museo-escuela de agricultura de Chartres.

continuaba viendo el planeta como un terreno de explotación rentable, ilimitado e inagotable. El mundo científico, consagrado a las observaciones metódicas de los ecosistemas, descubrió su fragilidad y propuso el concepto de "finitud ecológica" en medio de una generalizada indiferencia. Esta idea, revolucionaria y traumática, colocó al ser humano ante una nueva responsabilidad: convertirse en garante de la vida en el planeta.[4] La explotación del territorio modificaba la calidad del medio. Se supo entonces que todo forma parte de un sistema cerrado, de reciclaje permanente de la biomasa, del agua y de todos los elementos incorporados, ya sea bajo formas antiguas o novedosas. Pese a que este saber afirmaba al mismo tiempo la eficacia y la fragilidad de los ecosistemas, la gestión del territorio siguió transformando cualitativamente los medios hasta el punto de volverlos estériles, improductivos o tóxicos. La caída en picado del número de especies representativas de la diversidad biológica se sumó al desasosiego general. El jardín planetario era un espacio delimitado

---

[4] Publicado en Estados Unidos en 1950, *La primavera silenciosa*, de Rachel Carson, hizo tomar conciencia por primera vez de los estragos causados por la explotación industrial del planeta.

y pedía cambiar de jardinero con urgencia.[5] Se alzaron ciertas voces que argumentaban la necesidad de esta sustitución. Los eslóganes de Mayo del 68 y los discursos de René Dumont en 1974 no lograron cambiar el rumbo de una mecánica muy bien engrasada. El productivismo y el consumismo, cómodamente afianzados sobre la Biblia, desplegaron todo un arsenal de seducción y propaganda: había que ahuyentar la ecología de unas mentes abducidas por una ciencia inconsciente y sectaria. La bolsa dependía de ello. Y para algunos, no cabe duda, la bolsa lo es todo. Y ahí también había problemas. Era intolerable que un simple concepto hiciera tambalear simultáneamente las creencias más arraigadas y la economía ambiental. Si analizamos el fenómeno de la ecología con perspectiva, nos damos cuenta de hasta qué punto no se trata de una mera producción lógica del pensamiento científico, sino más bien de una idea revolucionaria en la historia de la relación

---

[5] El "jardín planetario", término acuñado en 1996 (Clément, Gilles, *Thomas et le voyageur. Esquisse du jardin planétaire*, Albin Michel, París, 1997), fue objeto de una exposición en la Grande Halle de la Villette (1999-2000). El planeta, considerado bajo la perspectiva de la ecología, responde a la misma definición de *jardín* (del franco *garten*, 'cercado'), donde la vida se encuentra constreñida a los límites del territorio biótico: la biosfera.

del ser humano con la naturaleza o, simplemente, en la historia del ser humano. En sí mismo, constituye todo un advenimiento cuya importancia y profundidad apenas empiezan a ser ponderadas por las sociedades.

Cómo quitarse de encima la ecología

Esta importancia y esta profundidad, necesarias para crear un verdadero proyecto político, no fueron ajenas a ciertos observadores y a ciertos detractores. Para salvar el mercado de consumo había que echar por tierra el pensamiento ecologista. Con este objetivo se emprendieron dos campañas muy influyentes, si bien no llegaron a aniquilar por completo una sensación de emergencia ecológica compartida por una humanidad que, impotente, era testigo de su propio desastre. La primera consistió en presentar al ecologista ante la opinión pública como un fanático mediante referencias a la *deep ecology* (ecología radical), que promulgaba la vuelta a la austeridad. Luc Ferry vería en ello una deriva purista y fascistoide, e insistía en el hecho de que, aunque el movimiento ecologista había nacido en Alemania, no había sido combatido por Adolf Hitler, sino todo lo contrario. La segunda, más extendida, consistió en convertir al ecologista en un ser inconsecuente, ridículo, incapaz de hacer frente a las realidades económicas y sociales.

Hubo de ser una tercera campaña —en plena acción mientras escribo estas líneas— la que se haría con el estandarte del proyecto de erradicación de la ecología en cuanto procedimiento de gestión planetaria. Después de haber sido ridiculizada, asimilada a un delirio de poetas infantiles o, peor aún, de peligrosos sectarios, la ecología, que podía parecer que por fin se sobreponía tras un largo aislamiento, está sufriendo el último asalto de sus detractores: la recuperación.

¿Cómo quitarse de encima una verdad molesta, intrusiva y recurrente, contraria a todas las opciones de crecimiento? ¿Es posible, por otra parte, contradecir las comprobaciones científicas, verificadas en multitud de ocasiones (sobre el calentamiento climático, la pérdida de diversidad o cualquier otro informe avalado por la simple observación) sin desacreditarse a sí mismo y hacer el ridículo? ¿Cómo silenciar el discurso de los que se oponen a un sistema productivista que supuestamente resuelve todos los problemas de la humanidad si no es engulléndolo en el propio sistema para hacerlo desaparecer de una vez por todas?

Dado que el discurso ecológico se había vuelto ineludible, la estrategia consistió en poner sobre la mesa alternativas a las propuestas antiglobalización que evitaran, fuera como fuese, la menor perspectiva de decrecimiento. Se acuñó, entonces, el vocabulario de la recuperación: a partir de ese momento todo se haría en nombre del "desarrollo sostenible", es decir, del desarrollo. Los economistas se pusieron manos a la obra.[6] La principal conclusión de la cumbre de Kioto, la de mayor aceptación en todos los campos, la más absurda y perversa para cualquiera, seguía a pies juntillas las lógicas bursátiles y recibió el nombre de "derecho a contaminar". Contaminar ya no es un problema, puesto que el propio hecho de contaminar genera un beneficio económico. Las empresas cuyas emisiones de gases de efecto invernadero (para no

---

[6] Según el ecologista estadounidense Kenneth Boulding, para imaginar un desarrollo infinito en un mundo finito es preciso o estar loco o ser economista.

considerar más que un único componente de la contaminación) alcanzan un valor mínimo —¿fijado por quién?— adquieren a una empresa crediticia de derechos de contaminación una cuota compensatoria que les permite seguir contaminando. El movimiento de tales derechos, convertidos en valor de bolsa, exige un volumen de transacciones elevado para ser lucrativo. Si a lo largo del año el consumo de productos emisores de gases de efecto invernadero disminuye, las acciones del derecho a contaminar caen. El proceso muestra cómo una tasa destinada a limitar la polución solo puede, en realidad, mantener operativas sus dinámicas.[7]

[7] La mañana del 4 de julio de 2008, Jean-Louis Borloo declaró en France Inter que el derecho a contaminar iba a cotizar oficialmente en bolsa. Añadió (era antes de la crisis): "¡Ya veréis qué bien funciona!".

El negocio de lo verde

En ningún momento el objetivo es abordar con seriedad los problemas planteados por la espinosa situación de la humanidad en el seno del jardín planetario, pero se hará cualquier cosa para hacerlo creer. Lo primero de todo: comunicar. La medida inicial de los defensores del desarrollo sostenible consiste en un dispositivo de comunicación. Palabras e imágenes. Sobre todo, imágenes. Se muestra estéticamente un planeta derrotado (fotos maravillosamente trágicas, vistas aéreas o desde cualquier otro lugar), se publican libros, se redactan discursos, se anuncian buenas intenciones: cambiar el clima, ya encontraremos el modo. La tecnología del siglo XXI se posiciona bajo el estandarte del desarrollo sostenible. En Francia, la comisión nacional del Grenelle de l'Environnement (cuya parte positiva radica en que se propone concienciar oficialmente de los problemas ecológicos) participa en una maniobra de despiste que pone el acento en minúsculas acciones medioambientales: aislar las viviendas, clasificar los residuos, ahorrar agua. Gestos ciudadanos útiles y de eficacia demostrada que todo habitante transitorio de la Tierra debe cumplir si no quiere ser responsable de lo peor. Es entonces posible poner a funcionar con toda tranquilidad inmensas industrias que contaminan y destruyen tanto los paisajes como las sociedades humanas del planeta. Todas las energías se concentran en el sector automovilístico, el trazado de autopistas, el cultivo masivo de biocombustibles, el empleo cada día más intensivo de pesticidas y fertilizantes, de organismos genéticamente modificados, el relanzamiento de la energía nuclear…

Una sola regla preside todo este dispositivo: "¿Aporta o no?". Si "aporta", no hay inconveniente en que la solución escogida conduzca a millones de seres humanos a la miseria o a la muerte, porque "aporta". En el caso contrario, no merece la pena que perdamos el tiempo con ella, por mucho que pueda mejorar o salvar vidas humanas.

Esta es la ecología amordazada, apaciguada, esclava del mercado. Ha entrado de lleno en la mecánica liberal mediante su propia mercantilización y solo saldrá de ahí depurada, filtrada, vaciada de cualquier pretensión cautelosa y detestable; se hará de ella una máquina limpia y perfeccionada para dar servicio a los negocios. Ese es el proyecto de un cártel capitalista que trama el saqueo del planeta con una violencia sin parangón en la historia de la humanidad. En el "Sexto círculo" de *La insurrección que viene*, el Comité Invisible traza un retrato demoledor de este nuevo objeto económico:

> La ecología no es solo la lógica de la economía total; es también la nueva moral del Capital. El estado de crisis interna del sistema y el rigor de la selección en marcha son tales que de nuevo hace falta un criterio en nombre del cual realizar semejantes elecciones. En cualquier época, la idea de virtud jamás ha sido otra cosa que una invención del vicio […].
> Trazabilidad, transparencia, certificación, ecotasas, excelencia medioambiental y policía del agua permiten augurar el estado de excepción ecológica que se avecina. Todo le está permitido a un poder que se vale de la naturaleza, de la salud y del bienestar […].

Mienten quienes afirman que el autocontrol generalizado nos ahorrará tener que sufrir una dictadura medioambiental: uno le allanará el camino a la otra, y al final tendremos los dos.[8]

La dictadura medioambiental de la que habla el Comité Invisible se fundamenta en el único aspecto moralizante de la ecología. El sistema hace de él un axioma absoluto a partir del cual tiene vía libre para lo que quiera. Pero esta dictadura prometida está afectada de antemano por una triple fragilidad: de los edificios, indiferentes a la complejidad de los materiales; de los seres vivos, y de los comportamientos. Descansa sobre el credo único de una rentabilidad de operaciones de la que depende el dictado. Se encuentra, por tanto, sometida a los mismos riesgos de desmoronamiento. No nos equivoquemos, no se trata de un dictado ideológico, sino monetario, aunque venga maquillado de un proceso redentor de la humanidad. En cualquier caso

---

[8] Comité Invisible, *L'Insurrection qui vient*, La Fabrique, París, 2007 (versión castellana: *La insurrección que viene*, Pepitas de Calabaza, Logroño, 2020, págs. 70-72). Texto atribuido sin pruebas a Julien Coupat, acusado, igualmente sin pruebas, de atentado a una línea del tren de alta velocidad francés, en el caso denominado "sabotaje de Tarnac".

(la ecología lo demuestra una y otra vez a través de su complejidad), ningún dictado, ya provenga de la sola ideología o del solo materialismo, se adecúa al impredecible funcionamiento de los seres vivos. Hay que rendirse a la evidencia: si existe una posibilidad para que el ser humano se acomode a la complejidad ecológica en aras de asegurar su propia perennidad en el planeta, deberá basarse en la experiencia empírica sobre el terreno, según sea el caso, y no en un arsenal de textos policiales contradictorios (y en ocasiones, peligrosos) producto del pensamiento tecnocrático dirigente.[9]

La "economía verde" no es más que un avatar lógico del dictado monetario. Olvida que el dinero no es un valor, sino un contravalor. Nada más. La acumulación de billetes, acciones, obligaciones y demás virtualidades predestinadas a tambalearse para terminar hundiéndose saldará cuentas, por el simple hecho de convertirse en un desecho inútil, con todo aquel que pretenda interesarse por la vida poniéndole

---

[9] La voluntad de proteger los paisajes considerados de interés por su valor estético llevó, por ejemplo, a clasificar los viñedos de Saint-Émilion como Patrimonio de la Humanidad. Los viñedos, en general, se consideran los paisajes más degradados desde el punto de vista medioambiental. De este modo, los textos legales vienen a proteger lo que condenan por otro lado (Convenio Europeo del Paisaje).

un precio. Lo que el "mundo verde" denomina equivocadamente "valor" no tiene contraparte desde el punto de vista ecológico. La compatibilidad entre ecología y economía no es solamente ilusoria, procede de una maniobra enfermiza por la que la humanidad, mantenida en una elucubración infantil, se resiste con todas sus fuerzas a romper los lazos con un sistema que, según sus propios fantasmas, le sirve de protección y de modelo intelectual.

La consciencia planetaria

Los conflictos de intereses han sido determinantes a lo largo de toda la historia de los pueblos y se han resuelto siempre con la victoria del más astuto, del más fuerte, casi siempre del más bárbaro. El enemigo, perfectamente identificado, se mantiene al otro lado de la frontera del país o del vecindario. Es el otro, el que piensa diferente, el que cree en otras cosas y, por este mero distanciamiento cultural, el que encarna todos los peligros. El oscurantismo propiciado por los estrategas del poder perpetúa en el planeta un estado de segregación convencional y mudable, pero en permanente actividad. El miedo y la división facilitan la regencia de los pueblos.

Nuestros dirigentes hacen uso y abuso de estas técnicas hasta el punto de que la más justificada de las medidas de seguridad se vuelve sospechosa.

Sin embargo, a espaldas de los grandes estrategas, un mecanismo federativo une, cada día con más fuerza, al árabe con el judío, al poeta con el banquero, al pobre con el rico, súbitamente embarcados en un único navío: el planeta. Una consciencia planetaria, fruto del pensamiento ecologista, da la vuelta de arriba abajo a la relación entre sociedades, entre los propios individuos; una forma de solidaridad inevitable y en cierto modo inherente a las condiciones de vida en la Tierra arraiga en las mentalidades, en paralelo y al margen de los conflictos de intereses nacionales. Cada ser vivo va labrando su porvenir en el seno de un ecosistema, cada ecosistema se encuentra vinculado a un ecosistema próximo y así hasta cubrir todo el planeta.

Sin paños calientes, la humanidad ha descubierto a su enemigo común, ese que amenaza a todas y cada una de las poblaciones sobre la Tierra. No lleva el nombre de un pueblo delimitado por las fronteras de un país, ni oculto en las entrañas de un vecindario bajo la forma de un terrorismo difuso, ni perfectamente ubicado en los límites de la estratosfera, en una nave espacial procedente de otra galaxia, no. La humanidad descubre que el enemigo yace dentro de sí misma: se está suicidando.

Así, al verse vivir a sí misma, es víctima del decaimiento. No hay pasado glorioso ni futuro prometedor. Refugiada en el momento presente, deambula por el espacio cibernético mientras se declara conmovida por la instantánea e incuestionada información que piadosamente ofrecen los medios, sin excepciones. Así las cosas, no actúa. Poco a poco se vuelve cómplice de una dinámica a la que, por lo visto, ningún proyecto podría llegar a plantar cara. Tiene miedo.

La consciencia planetaria tiene a la humanidad paralizada. Las condiciones de vida se degradan, la población aumenta, y ahí, desorientada entre la niebla de sus creencias y el marasmo de su economía, frente a los límites de su territorio (eso sí, inmutables y bien afianzados), deambula por su jardín sin saber por dónde empezar.

Las estrategias del miedo

El estupor beneficia a algunos, mientras que impone sobre el resto una actitud expectante. Congela la acción, desanima a los espíritus más audaces y constriñe a las empresas a los únicos límites de la rentabilidad. La precarización sistemática de la población activa coloca a cada individuo frente al riesgo de perder lo poco que tiene y lo aleja de cualquier acción colectiva de lucha o de resistencia. Como un gran laminador, este proceso desbasta toda aspereza de una sociedad borreguil donde cada miembro debe ser desplumado de acuerdo con las reglas de la máxima explotación. La rebeldía no es posible. En el corazón de las instituciones del Estado (los servicios públicos, la universidad) se fomenta el ahorro sean cuales sean las necesidades de los servicios públicos, de la enseñanza o de la investigación, aun a riesgo de perjudicar con ello los propios servicios públicos, la enseñanza y la investigación. Se prefiere el apacible seguidismo a los posibles debates, se insta a las almas más temerarias a no mencionar expresamente sus ideas, todos reculan ante los sistemas de vigilancia y evaluación personalizadas de la maquinaria oficial. Las escuelas y los institutos profesionales no escapan a esta mórbida timidez, precisamente ellos, que deberían allanar el camino de un proyecto de futuro sin importar el riesgo (de hecho, en Francia algunas de estas escuelas se autodenominan "de proyecto"). Y lo que es peor, se adhieren por adelantado a las inicuas propuestas de la modificación del Estatuto de los Profesores del Ministerio de la Enseñanza Superior, del que, sin embargo, no todos dependen. Como es sabido, tal propuesta busca separar la enseñanza de la investigación e induce el bochornoso principio de que la enseñanza es el castigo del mal investigador. Gérard Dessons, profesor de Literatura Francesa en la universidad París 8 analiza la situación en términos que pueden aplicarse palabra por palabra a una de estas "escuelas de proyecto":

Lo que esta concepción pasa por alto es que un profesor-investigador, si bien es un investigador que enseña, no enseña cualquier cosa. Enseña lo que investiga. Disociar las dos actividades vuelve a instrumentalizar al profesor, a asignarle una función estrictamente comunicativa. ¿Qué enseñaría un académico convencido de que no merece la pena investigar si es condenado a dar clases? ¿Qué objeto del saber? ¿El que un investigador "de verdad" hubiera elaborado por él? No olvidemos que más allá del objeto de su investigación, y por encima de todo, el profesor-investigador enseña una praxis. Enseña a investigar, es decir, la forma, siempre específica, de cuestionar lo desconocido, incluso de inventarlo. En este sentido, el trabajo del profesor-investigador conlleva un riesgo. Más o menos intenso, con mayores o menores consecuencias, pero un riesgo al fin y al cabo, pues pone sobre la mesa que lo que hace está relacionado con cómo lo hace. De algún modo, salta sin red.[10]

Una escuela profesional, una universidad, un laboratorio (cualquier lugar propicio para la

[10] Dessons, Gérard, "Enseigner ce qu'on cherche", *Cassandre*, núm. 77, abril-mayo-junio de 2009.

reflexión) que renuncia al riesgo de pensar inicia su propio declive. El aislamiento, el principio generalizado de evaluación, la vigilancia y la estigmatización de lo bueno y lo malo forman parte de una estrategia del miedo que penetra en todos los campos y en todas las estructuras de la sociedad, desde la empresa hasta la escuela, desde la explotación agrícola hasta el mundo del arte.

La estrategia del miedo refleja bastante bien la poca confianza que la sociedad se concede a sí misma. Suscribe su propia debilidad y, para dar el pego, refuerza la línea de ataque. El terreno de la ecología se convierte entonces en un gran bulevar. Ávido de explotar al máximo todos los rumores catastrofistas, el miedo aproxima su discurso al desastre y hace del desarrollo sostenible su ideal, sin con ello pretender modificar las bases institucionales de la catástrofe, pues a ellas les debe su misma existencia. De este modo, el sistema se alimenta de una perversión propia a su funcionamiento, donde salirse del camino llama a la represión y donde el espacio de vigilancia se extiende al conjunto del territorio.

Podríamos creer que se ha cerrado el círculo, por siempre condenado a repetir el mismo escenario donde cualquier tentativa frustrada de escape es sellada por reparaciones irrisorias de las grietas que amenazan la totalidad del sistema. Nada más lejos. No solamente los observadores de la sociedad (economistas, científicos, filósofos) anuncian el cercano colapso de la estructura dominante, sino que la propia sociedad, por su parte, sabedora de este cambio inminente, modifica su visión del mundo, acuña un vocabulario provisional, deja claros sus posicionamientos mientras plantea nuevas cuestiones, de manera difusa, aunque reflexiva, sobre las perspectivas de la vida a escala planetaria.

La alternativa ambiental

Mientras la ecología radical intenta resistir apuntalada en sus preceptos de austeridad y mientras la "economía verde" se organiza para recuperar el mercado de productos "bío", una tercera vía, a la que yo llamo "la alternativa ambiental", ha nacido entre un batiburrillo de rumores (análisis contradictorios, informes catastrofistas o predicciones aleatorias), pero también entre verdaderas comprobaciones científicas y experimentos e investigaciones sólidos.

Muchas voces de todo el mundo se han alzado para que los seres pensantes, aturdidos ante el exceso de información y de imágenes, no lleguen a creer que el discurso de los ecologistas no se apoya en un fondo de realidad objetiva. Incluso si todavía sabemos poco del complejo mecanismo de los intercambios propios de los ecosistemas, la sensación de que lo más próximo está íntimamente vinculado a lo más lejano va calando en las personas y, sin que los Gobiernos se enteren, está forjando una red de afiliación planetaria.

La alternativa ambiental mira de reojo al decrecimiento, no se identifica con él; también se aleja de la "economía verde", a la que juzga excesiva, y, en lugar de sentarse a esperar el gracioso saludo de cualquier dirigente político, se posiciona a la expectativa cuestionándose las posibles implicaciones del efecto mariposa. Los gestos que ejecutamos aquí tienen repercusión en el extremo opuesto del planeta; todo lo que lanzamos al aire nos cae encima, el viento arrastra las nubes, la biosfera funciona como el tambor de una lavadora donde todo se mezcla en el agua del mar, en el agua del aire, en el agua de los ríos, en el agua de nuestro cuerpo. Sí, el jardín es planetario, ya nadie lo pone en duda, pero todos aquellos cuyo espíritu alerta evalúa las dimensiones de una cuestión tan vasta se preguntan cómo convertirse en el jardinero de semejante jardín. No hay respuestas preestablecidas y totalizadoras. La humanidad incrédula, adormecida por los medios y sobresaltada por las crisis una y otra vez, se aventura por nuevos caminos de vida en un terreno ignoto. Todo está por inventar, todo parece nuevo. La ecología lleva cuarenta años enunciado sus directrices de gestión, pero no ha sido hasta la primera década del siglo cuando hemos empezado a pensar en aplicarlas y en formular otras nuevas.

En el plano político, la alternativa ambiental provoca un inesperado desclasamiento. Enreda a derechas e izquierdas en un infantil juego de pimpón en el que nadie duda que la árbitra será ella. ¿Qué sentido tendría opinar sobre la mejor manera de plantear el desarrollo cuando el propio desarrollo está fuera de la ecuación? Ahí donde los modelos tradicionales (todos los partidos se confunden) continúan afrontando sus estrategias especulativas, la alternativa ambiental busca soluciones inmediatas cuya viabilidad (y, en ocasiones, valor) cualquiera puede corroborar. Podemos mencionar las AMAP[11] como un buen ejemplo de respuesta simple, local y económicamente viable a las cuestiones de abastecimiento de productos saludables. Por su funcionamiento, una AMAP ilustra el principio de redes de proximidad (producción/distribución) que reducen

---

[11] AMAP: asociación para el mantenimiento de la agricultura rural.

el coste ecológico de los productos de consumo (coste global). Proporciona un abanico de productos alimentarios diversificado, de temporada, imprevisible con antelación, de alta calidad y a un precio asequible por todos. Se inscribe en un programa de equilibrio en el que entra en juego la alimentación y, por tanto, la salud. Constituye en sí misma un valor que no escapa al discurso ecológico, pero jamás mencionado en el discurso de las potencias dirigentes, puesto que no es traducible a cifras. También puede verse como emblema de un sistema más amplio cuyo listado de "nuevos valores" (calidad de los alimentos, de los sustratos —aire, agua, suelo—, de los servicios públicos, de las modalidades de compartición de los bienes productivos, etc.) construye un verdadero proyecto político.

"La economía mundial produce demasiado para demasiadas personas que no tienen cómo pagarlo, y produce mal y ejerce demasiada presión sobre la Tierra".[12] Con estas palabras, Alain Lipietz resume la coyuntura mientras señala el carácter aberrante de los sistemas actuales de producción. Pero, además, alerta sobre el carácter tan poco democrático de las soluciones aportadas a las crisis

---

[12] Lipietz, Alain, *L'Urgence écologiste*, Textuel, París, 2009.

a lo largo de la historia, y nos pone sobre aviso frente al creciente poder del Estado, que aprovecha estas mismas crisis para extender por todas partes su poder y su policía. Denuncia igualmente las derivas del "planismo", esa tentación tecnocrática de los regímenes autoritarios sostenida por el cientificismo ambiental: la persistente creencia de que es posible dominar la naturaleza.

La alternativa ambiental evalúa los peligros de la planificación orientada según los viejos esquemas de reactivación. Contempla desde la distancia los intercambios de miles de millones de euros, la emisión de deuda pública, los cuidados intensivos a la banca y a determinadas industrias (automotriz, nuclear, biocombustibles), el juego de la bolsa global… Escucha de fondo las emisoras de radio que cacarean las bondades de tal aseguradora, el elevado interés de tal inversión, el milagro del rendimiento asegurado.

De todo esto se aleja la alternativa ambiental. No tiene nada que ver con eso.

Invitado a dictar conferencias, a participar en debates sobre ecología, paisaje, crisis; reclamado por instituciones de enseñanza agrícola, escuelas de arte, de arquitectura y universidades, recorro Europa y el resto de los continentes. Todas las inquietudes se concentran en un punto crítico: ¿cómo conseguir que una población humana en crecimiento pueda vivir en un planeta constante y finito? Esta cuestión, mil veces planteada desde hace medio siglo, sigue sin obtener una respuesta convincente, conserva su actualidad y se reviste de un aura de resignación: no vamos a conseguirlo.

El abandono del proyecto cartesiano

En este comienzo de siglo la población terrestre se juega su futuro. Tiene que decidirse entre descubrir una manera adecuada para gestionar el futuro o hacer como si nada y autodestruirse.

No debemos subestimar el esfuerzo que nos queda por delante, no tanto para inventar una nueva economía (los especialistas estarán encantados de hacerlo), sino para cambiar nuestra manera de ver el mundo. No es cuestión de técnica, sino de trasfondo cultural. Decir que a partir de ahora nos jugamos el futuro sobre la base de un nuevo paradigma no es ninguna ocurrencia. Vivimos en una época extraña, que nos exige la capacidad de redefinir el cosmos, de llevar a la práctica nuestras conjeturas como nunca antes había precisado la humanidad. Es cierto que esta humanidad apenas acaba de nacer. Comparada con la escala geológica del tiempo aparece en la historia como un suceso reciente, un nanosegundo en el calendario. Aún no tiene muy claro dónde habita.

Sin embargo, la corta historia de su pensamiento ha durado lo suficiente para engendrar numerosas cosmogonías, excéntricas visiones sobre la creación del mundo, todas ellas cargadas de extravagancias y poesía. Si pretendemos situar la ecología en el registro de las visiones del mundo, el único punto en común que encontraremos será con las civilizaciones animistas, cuyo respeto por la naturaleza se debe a la superstición y no al conocimiento.

Mientras que el animismo sitúa al ser humano en una relación de equivalencia con los demás seres vivos, la "civilización moderna" lo mantiene a distancia. Esta distancia de la que hablan Isabelle Stengers, Augustin Berque o Philippe Descola perdura en el propio corpus del vocabulario surgido del pensamiento ecologista, nacido en Occidente, en un territorio de dominio de la naturaleza. La palabra *medioambiente*, utilizada para designar lo que nos rodea, implica que el ser humano no pertenece a ese grupo, se sitúa a este lado, por encima, en un lugar no compartido. El Ministerio de Medioambiente (el ministerio del entorno, de los alrededores) ve los seres vivos y sus paisajes como un conjunto complejo sometido al análisis con el fin de hacerlo mensurable, ni remotamente como el espacio vital en cuyo interior se encuentra inmerso el ser humano, con la misma categoría que el resto de los seres vivos. De este modo se perpetúa el viejo proyecto cartesiano del control de la naturaleza. Este sentimiento, reforzado por el cientificismo y la confianza ciega en una eficaz tecnología, continúa oponiendo al ser humano contra una naturaleza salvaje domesticable o enemiga. Sondea su propio poder pretendiendo controlar el clima, la producción de óxido de carbono y de gases de efecto invernadero; forja un vocabulario técnico destinado a mantener por encima de todo una dominación, como si el derecho de nombrar algo bastara para someterlo. La decisión del G8 en julio de 2009 en L'Aquila (reducir a la mitad el balance de carbono en 2050) vino acompañada de una declaración ridícula: "No se tolerará un calentamiento superior a 2 °C". Al responder que el G8 no tenía autoridad para debatir sobre el estado del planeta, Lula dejaba entrever que los ocho países más ricos habían sobrepasado los límites de la petulancia y que ya no tienen quien los escuche.

Para sentar con seriedad las bases de una política de supervivencia de la humanidad en la Tierra es preciso, en efecto, descender de un mirador artificialmente erigido por encima de "la naturaleza", considerado territorio de la experiencia, el dominio y los mercados. Debemos zambullirnos, aceptarnos como seres de la naturaleza, revisar nuestra posición en el universo, dejar de colocarnos *por encima de* o *en el centro de* y hacerlo *dentro de* y *con*.

"No existe una 'catástrofe medioambiental'. Lo que existe es esa catástrofe *que es el medioambiente*", escribe el Comité Invisible. Lo que hace deseable la crisis es que en ella el medioambiente deja de ser medioambiente. Nos vemos abocados a restablecer el contacto, aunque resulte fatal, con lo que está ahí, a redescubrir los ritmos de la realidad. Lo que nos rodea ya no es paisaje, panorama, teatro, sino lo que nos es dado habitar, aquello con lo que debemos transigir y de lo que podemos aprender".[13]

Esta necesaria inmersión (sin duda, lo más difícil de conseguir, en la medida en que nos

---

[13] Comité Invisible, *op. cit.*, págs. 65 y 74.

exige una revisión cultural y de verdadera humildad) debe acompañarse de condiciones materiales y técnicas para que nazca el proyecto político de supervivencia de la humanidad en el planeta.

Las condiciones materiales y técnicas están a nuestro alcance, al menos, virtualmente. Decidir utilizarlas conlleva una valentía política que hasta hoy ha brillado por su ausencia en todas las disposiciones del Estado. En lo que respecta a Europa (escaparate de un Occidente capitalista y liberal), las únicas directivas que podrían llegar a simular un proyecto de gestión de las sociedades emanan de la potestad de los *lobbies* reagrupados en Bruselas, pero su agresividad se impone a cualquier proyecto político, tan necesarios y urgentes para la sociedad.

Por su parte, la "economía verde" se legitima únicamente en relación con las mecánicas bursátiles, que, por definición, carecen de cualquier tipo de ética o moral. Sean cuales fueren los objetivos de la regulación, la bolsa acelera el proceso de desequilibrio de la riqueza y la degradación del medioambiente, lo que a su vez arrastra las condiciones de vida en el planeta. Ignorar a la humanidad forma parte inherente del juego en bolsa. En la situación actual del planeta, la bolsa aparece como una máquina todopoderosa y sin alma, insensible a las destrucciones de las que ella misma es responsable. Contrariamente a otras causas de desastres (pandemias, guerras), opera con total tranquilidad ante las narices de todos los seres humanos. Gracias a una ceguera muy bien orquestada, una humanidad en duermevela no encuentra nada que decir. ¿No repiten cada hora en la radio las cotizaciones bursátiles, al mismo tiempo que la meteorología o los anuncios de las compañías de seguros? ¿Quién iba a imaginar que los medios de comunicación, con la tenacidad de una apisonadora, se convertirían en franquicias de una maquinaria asesina?

Hacer callar a los *lobbies* y a la bolsa, esa es la tarea de la próxima generación para que la vida no sea un juego de azar y de necesidades, sino un acuerdo con la complejidad extensa de todo lo vivo. Entonces, ¿qué proyecto podría oponerse a la inmediata y letal combinación de "economía verde" y cotizaciones?

Resistencia: la hipótesis del desplazamiento del interés

Si algo nos enseña la historia es que la crisis hace una llamada a la tiranía, al fascismo, a un endurecimiento del poder que satisface a las mentalidades más reaccionarias. Ahí andamos, de modo que no nos queda más remedio que esperar el estúpido punto álgido de esta escalada de poder donde el Estado policial se acompaña de una derechización de la sociedad para ver después cómo el orden construido sobre el miedo se tambalea para, por fin, reanudar el proyecto social. Lo único que nos queda es conseguir que la humanidad avance en la comprensión de sí misma como parte de un gran ser vivo y, al hacerlo, procurar que sus condiciones mejoren.

El proyecto necesita que todos los astros se alineen, y eso exige tiempo. No puede entrar como un elefante en una cacharrería sin arriesgarse a una oposición violenta de los que, en la actualidad, tienen el poder y las armas en sus manos. Por eso es necesaria la resistencia. Un nuevo régimen, difuso y fragmentado por todo el mundo, está sentando las bases del futuro humano. Tal como yo la entiendo, esta renovada *résistance* afecta a todas las almas dispuestas a actuar según un proyecto político definido por la crisis ecológica. O, al menos, según la idea de que en la actualidad es posible emprenderlo, pues es de esperar que el conocimiento en materia de comportamiento y de intercambios entre los seres vivos siga evolucionando y que, en consecuencia, modifique la manera de utilizar, reconducir y preservar las energías biológicas. La resistencia se apoya en la alternativa ambiental para experimentar las nuevas políticas de gestión territoriales y sociales. Basa su legitimidad en una consciencia planetaria, a partir de la cual se definen el jardín planetario y el papel del jardinero. Se aleja de las estrategias del miedo al mismo tiempo que evita la "economía verde" para abrir el camino a un mundo de intercambio y compartición de la riqueza. En resumen, abandona progresivamente el proyecto cartesiano del control de la naturaleza para inventariar las posibilidades de diálogo con ella en un proceso donde la inmersión en el seno de todo lo viviente se acompaña del verdadero conocimiento de los seres vivos y de la aceptación frente a los imprevistos del día a día. Esta es la hipótesis del desplazamiento del interés de nuestra sociedad que, creo yo, va ganando terreno sin llamar la atención en este mundo convulso. No se lo oye. Todo lo que necesita son voluntades e inteligencias alegres.

El desplazamiento del interés coincide con una redefinición de los valores donde la recalificación de bienes y usos, así como la manera de acceder a ellos y repartirlos, sustituye a la simple acumulación en beneficio de una minoría. Eso que algunos llaman "felicidad interna bruta" (FIB) vendría a desbancar al PIB, cuyo cálculo determina las políticas actuales.

El desplazamiento del interés implica lentitud y progresividad. Es un trabajo de tiempo y de concienciación de masas. En sí mismo, representa una vía razonable al drama que viven las poblaciones humanas. Se trata de un ejercicio de sustitución no violento, la mejor salida imaginable de la crisis.

El desplazamiento del interés no deja las cosas al azar. Ya está funcionando en las sociedades más perspicaces. Pero el solo principio de un movimiento "blando" como respuesta al profundo malestar que afecta a la humanidad no constituye nada más que una hipótesis. La presión acumulada de los poderes dirigentes, ajenos a los seres humanos y su sufrimiento, puede desembocar en una salida mucho más rápida y devastadora, un conflicto planetario donde la verdadera ecología y la "economía verde" se enfrenten con uñas y dientes.

Tanto si la salida a esta crisis se produce de modo "blando" como violento, el desplazamiento del interés sigue su camino. Las cosas caen por su propio peso: la sociedad humana, día a día, cambia de "modelo de deseo"; en eso consiste la evolución.

En un libro que trata sobre el equilibrio de la riqueza en el planeta, Hervé Kempf[14] profundiza en las ideas del economista Thorstein Veblen. En el siglo XIX, Veblen explicaba cómo el

---

[14] Kempf, Hervé, *Comment les riches détruisent la planète*, Éditions du Seuil, París, 2007 (versión castellana: *Cómo los ricos destruyen el planeta*, Clave Intelectual, Madrid, 2011).

modelo de deseo arrastra tras de sí a la economía y cómo, a partir de esta dinámica, es posible anticipar la producción y el estocaje de "consumibles". Mantenía que una clase social, con independencia de su nivel, desea el objeto de consumo utilizado por la clase inmediatamente superior. A pesar de la disolución de las clases, el reparto entre ricos y pobres, separados por un foso cada vez más profundo, sigue funcionando en la actualidad del mismo modo.

Cambiar el modelo de deseo mediante un desplazamiento del interés desde los productos materiales hacia los inmateriales (un mayor conocimiento, la recalificación del medio físico, la mejora de la salud, etc.) permite anticipar con garantías una gestión planetaria ecológica. Todavía tenemos que idear una economía capaz de hacer funcionar la sociedad y sus intercambios sobre la base de nuevos intereses, colocados en un campo de rentabilidad no regido por cifras, ajenos a la administración bancaria pero en sintonía con todos los grados de subjetividad en el espacio mental de los individuos y las colectividades.

Esta nueva economía rompe absolutamente con aquella otra que sigue dictando la ley y que, según todos los indicios, durará hasta el final de los regímenes policiales, tan extendidos por todo el planeta después de la crisis.

El desplazamiento del interés se preocupa por lo que pasará después. No obstante, las reorientaciones del deseo ya son una realidad, como prueba el auge de los productos biológicos. La "economía verde", de hecho, transforma esta prueba en una certeza de mercado. Aun así, no todo está en venta; la calidad de vida, la risa, la amistad, el calor humano y las ganas de pasar un buen rato escapan a toda cotización y disfrutan de buena salud.

En una sociedad orientada de acuerdo con un proyecto político al mismo tiempo ecologista y humanista, ¿cómo serían sus engranajes y su funcionamiento?

La moneda oxidable

Si bien el discurso de Thorstein Veblen denuncia una lógica humana de lo más comprensible, no dice nada sobre el principio de adquisición del modelo de deseo. ¿Es necesario pedir prestado, lo que a su vez conlleva un endeudamiento, un interés, una inversión y, en definitiva, la especulación?

La conclusión del economista Bernard Lietaer congrega las propuestas de los ecologistas: solo a largo plazo podemos plantear una administración responsable de las sociedades. Ahora bien, como sabemos, toda la economía actual y, en consecuencia, todas las decisiones políticas y todo el aparato legislativo se fundamentan en intenciones a corto plazo:

Comencemos por dejar claro que hoy, como apunta Bernard Lietaer, son las empresas quienes deciden qué comemos; cómo nos vestimos, nos desplazamos y vivimos; qué energías y tecnologías utilizamos, etc. No son ni los Gobiernos ni los ciudadanos quienes toman estas decisiones. Mi conclusión es que, en la medida en que las empresas sean programadas para pensar solo a corto plazo, nos dirigiremos a ciegas hacia una cascada de catástrofes.[15]

Lietaer supone que las empresas no van a avanzar por sí solas hacia este modelo de gestión, y sostiene que la legislación no será capaz de impulsar la inversión a largo plazo. Según él, solamente una motivación financiera puede conseguir que la sociedad se comprometa con la solución deseada.

Merece la pena transcribir la argumentación completa de Lietaer:

Supongamos que vivimos en un mundo donde solo existen dos tipos de inversiones disponibles: una a corto plazo y otra a largo plazo. La primera, por ejemplo, podría ser en una

---

[15] "Vivre la gratuité" (conversación entre Paul Ariès y Jean-Louis Sagot-Duvauroux), *Le Sarkophage*, núm. 13, julio de 2009.

plantación de pinos donde el valor de cada pino sería de cien euros a los diez años; y la segunda en una plantación de robles que valgan mil euros a los cien años. Supongamos igualmente que todos estos valores están ajustados a la inflación, de manera que las cifras sean comparables. Un inversor racional debería ser indiferente entre los dos tipos de inversiones; podría, en efecto, talar los pinos cada diez años y obtener mil euros después de cien años, es decir, el mismo resultado financiero que la plantación de robles.

Ahora, introduzcamos el factor monetario. Supongamos que utilizamos una moneda convencional (el euro, el dólar…) con, por ejemplo, una tasa de interés del 5 %. El valor de un pino de diez años dentro de diez años vale, actualizado a día de hoy, 61,39 euros. En efecto, si hoy invierto 61,39 euros a diez años con una tasa de interés del 5 %, obtendré exactamente cien euros. Sin embargo, mediante el mismo cálculo racional, nuestro roble de mil euros dentro de cien años tiene un valor, actualizado a día de hoy, de apenas 7,60 euros. En toda sociedad que utilice una moneda convencional con una tasa de interés positiva, terminarán por talar los robles para plantarlo todo de pinos. Este ejemplo ilustra cómo el sistema monetario convencional programa hacia el corto plazo todas las decisiones de base financiera.[16]

Lietaer propone entonces utilizar una nueva moneda "complementaria", con "oxidación", es decir, con una tasa de interés negativa asimilable al coste del aparcamiento. Si aplicáramos una tasa de oxidación del 5 % anual, el valor del pino, actualizado a día de hoy, sería de 167 euros, mientras que el roble, según la misma cuenta, valdría 168.000 euros. Cualquiera que hiciera este cálculo invertiría a largo plazo.

La demostración nos ubica este procedimiento a lo largo de la historia. El poderoso Egipto y la época de las catedrales coinciden con períodos de moneda con interés negativo. El concepto de "moneda oxidable" nació en Francia con los primeros ferrocarriles, cuando las compañías cobraban por los vagones que quedaban inutilizados en las vías (a modo de aparcamiento). Pero la idea se remonta al sistema monetario del valle del Nilo. Un agricultor que hubiera producido de más podía depositar el excedente en el templo local. Un escriba registraba la entrada (diez sacos de trigo,

---

[16] Lietaer, Bernard, *Mutation mondiale, crise et innovation monétaire*, L'Aube, Lille, 2008.

por ejemplo). Si el agricultor deseaba retirar su bien al cabo de un año le devolvían nueve sacos, pues el décimo servía para pagar a los guardianes (como la moneda oxidable o el aparcamiento). En el caso contrario, podía utilizar como moneda el valor descontado de los diez sacos, que figuraba en un documento denominado "óstraco". Bernard Lietaer propone la "tierra" como moneda complementaria planetaria de interés negativo.

Un instrumento de este tipo incita al descuento y no al ahorro. Favorece la reinversión y no el almacenamiento, no presenta ninguna ventaja a efectos de inversión (al contrario de las acciones bursátiles), sino que dinamiza constantemente la economía.

Se han inventado y puesto en servicio diversas monedas complementarias en unos cuantos países. Algunas funcionan según un modelo de trueque (bancos de tiempo, sistemas de cambio local…), de las que ninguna, a día de hoy, ha sustituido al sistema económico vigente. Sin lugar a dudas, es momento de reflexionar sobre qué sería lo más adecuado para una administración ecológica del planeta. Pensar en la moneda del futuro no significa pensar en cuál será la moneda dominante (el dólar, el euro, el yen, ¡o el euro-yen!), sino en qué filosofía de intercambio y compartición sería adecuada para sobrevivir en el planeta.

Numerosas tentativas de intercambio basadas en la gratuidad, a imagen (parcial) de la seguridad social, demuestran que este tipo de transacciones "pone a unos y otros al mismo nivel".

La proposición de Bernard Lietaer atañe estrictamente a los procesos de intercambio donde los valores (el trigo) y los contravalores (el óstraco, la tierra) inducen a una gestión a largo plazo que, según él, protege a la economía de las crisis. Si bien es cierto que, en líneas generales, el razonamiento rema a favor de un modo de gestión ecológica que solo puede apoyarse en el largo plazo, debemos tener en cuenta que no permite definir el proyecto político a partir del cual se vuelve útil y necesario recurrir a la moneda oxidable.

Por último, no olvidemos que Bernard Lietaer, a propósito de economía y de crisis, nos habla de paisaje. Un pinar a corto plazo, un robledal a largo.

El ser humano simbiótico

Así que nos queda por inventar nada menos que una construcción global: el advenimiento de la ecología en la historia de la relación del ser humano con la naturaleza nos lleva a una revisión completa del comportamiento humano, desde los gestos individuales hasta las acciones colectivas y las cuestiones públicas. Es verdad que la imprenta en el siglo XV y la industrialización en el siglo XIX acarrearon grandes cambios sociales, pero fueron producto de la tecnología. Podemos hablar de ellas como "revoluciones", pero no modificaron el sentimiento de dominio humano de la naturaleza; muy al contrario, lo reforzaron. Es preciso remontarse a una etapa anterior, donde la humanidad nómada, al hacerse sedentaria, rompió con la "tradición" y entrevió la posibilidad de una relación con la naturaleza muy diferente de la caza y la recolección (dependientes del azar) para entablar con ella un diálogo razonado: nació el jardín.

El "primer jardín", finalmente ubicado en el curso histórico de la relación entre ser humano y naturaleza, actúa de paradigma: escribe una versión del mundo.

Aunque no es posible determinarlo en el tiempo con precisión, el "primer jardín ecológico" pertenece a este momento de cambio respecto de la tradición milenaria donde la humanidad ha de escribir una nueva visión del mundo —en esas estamos— y todas las fuerzas contrapuestas no tienen nada que hacer frente a aquello que, apoyado en la evidencia, actúa de nuevo paradigma.

Apenas unos pocos miles de años separan el siglo XXI de los primeros balbuceos agrícolas del paleolítico superior. ¿Qué es eso comparado con los cientos de millones de años necesarios para traer el planeta al estado en que lo conocemos? Podría decirse que, en el calendario de la vida, el ser humano acaba de nacer. Experimenta, mete la pata, descubre su propio cerebro, del que solo utiliza una octava parte (¿qué hace con las otras siete?), grita, llora y se queja de un acné pasajero. Con cada crisis de crecimiento llega una crisis de consciencia. Efectivamente, en esas estamos.

El pensamiento ecologista no solo nos muestra hasta qué punto la economía de gestión se encuentra íntimamente ligada a la supervivencia de las especies, a la calidad de los sustratos; no se limita a proponer una explotación racional de la diversidad (el jardín planetario) que condicione nuestro futuro, sino que pone encima de la mesa la finitud de nuestro territorio, y es, precisamente, a partir de esta revelación como debe definirse el proyecto político en su integridad.

La biomasa, el agua, la superficie territorial: todo está contado, sometido a ganancias o pérdidas en su más mínima cantidad. Está clara su finitud. Esto plantea dos cuestiones importantes:

— ¿Cómo reciclar nuestros residuos en un territorio no extensible?
— ¿Cómo regular la demografía en este mismo territorio?

El ser humano simbiótico es aquel que, idealmente, sería capaz de devolver al medioambiente la totalidad de la energía que capte de él. Si tomamos como imagen un árbol cuyas hojas, producidas gracias a la energía solar, caen al suelo y le sirven de alimento (humus) y lo comparamos con nuestras civilizaciones y sus fábricas, ¿qué humus podremos obtener de ellas que fomente la vida en lugar de ponerla en peligro? Entre un lecho de sotobosque y un residuo nuclear nos jugamos nada menos que la vida y la muerte.

El ser humano simbiótico al que me refiero no es exactamente como el propuesto por Joël de Rosnay,[17] aunque utiliza la misma red planetaria, el mismo "telón de fondo". Sin embargo, en lugar de establecer sus características a partir de la sola tecnología de la conexión (lo que lleva al cibionte, medio humano, medio máquina), lo hace a partir de conocimientos cada día más precisos del funcionamiento de la vida en la Tierra. El conocimiento de la diversidad biológica, de sus posibilidades, de su protección dentro del mecanismo general de la evolución, le confieren la posibilidad de plantearse un proyecto de reciclaje biológico que actúe en el lugar y momento requeridos (es decir, con moderación), a partir de los factores desencadenantes de la transformación.

---

[17] Rosnay, Joël de, *L'Homme symbiotique: regards sur le troisième millénaire*, Éditions du Seuil, París, 1995 (versión castellana: *El hombre simbiótico: miradas sobre el tercer milenio*, Cátedra, Madrid, 1996).

La simbiosis se aplica a la interdependencia absoluta de dos seres o de dos sistemas biológicamente vinculados. La humanidad depende por completo de la diversidad que ella misma explota, pero en el transcurso de su evolución ha llegado a un punto donde el propio medioambiente, y, por tanto, la diversidad, se vuelve dependiente de la humanidad. Llevado al extremo de la interdependencia, basta que un elemento desaparezca del sistema para que otro desaparezca con él. El ser humano simbiótico debe su nombre a esta dependencia bidireccional. Por primera vez en su historia, los recién nacidos pueblos humanos han descubierto que un solo gesto equivocado empuja juntos a ricos y pobres al mismo precipicio. El ser humano simbiótico, sin importar las consecuencias, sienta las bases de una solidaridad inconsciente, pero muy real a escala planetaria.

Nunca había sido tan urgente como ahora compartir los saberes sobre una diversidad que explotamos, pero de la que no sabemos nada o casi nada. Para el ser humano simbiótico, el conocimiento de todo lo vivo (plantas, animales, sustratos vitales…) es paralelo a una consciencia más refinada de su propio funcionamiento, de su complejidad, de su diversidad cultural. Sin esta asociación de saberes, donde ambos se agitan mutuamente, todo se reduciría a un recinto estanco propio de algún especialista valedor de la ciencia.

De este modo, el ser humano simbiótico establece una jerarquía de valores a partir de los cuales va tomando forma el proyecto político. El primer ministerio del Gobierno ideal del ser humano simbiótico es, por supuesto, el del Conocimiento.

El Ministerio del Conocimiento forma parte de todos los niveles de matización del pensamiento, actúa en todos los estratos sociales. Permite a los más desfavorecidos acceder a la comprensión de los mecanismos que, precisamente, justifican la política del ser humano simbiótico. La autorregulación demográfica forma parte de ella. Si bien parece "inhumano" y violento que en su momento se impusiera un niño por familia en la China de Mao (obligación decretada a un pueblo con un nivel educativo general muy bajo, casi analfabeto), es factible sugerirlo ahora a las mismas poblaciones, ya conscientes de que está en su mano escoger su modo de supervivencia.

El ser humano simbiótico constituye una etapa de la reflexión sobre el paradigma ecológico y sus consecuencias.

Seis dibujos

Cuando me llamaron para participar en la Bienal de Arte Contemporáneo de Melle, propuse seis dibujos que, mediante trazos, expresaban algunas de las ideas contenidas en este texto.

Las tres primeras imágenes traducen un hecho cierto: la situación actual y su evolución.

Las tres siguientes abordan la utopía; la imagen central es el árbol.

Gilles Clément
La Vallée, 26 de agosto de 2009

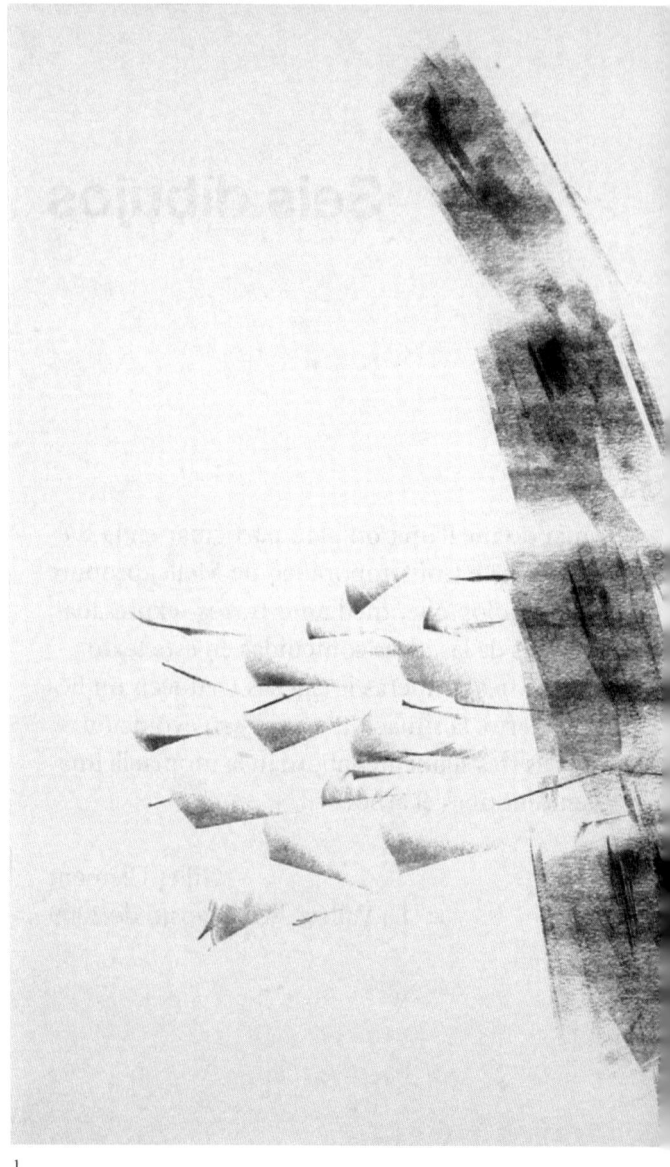

1

El sistema económico dominante, vertical o piramidal, de apariencia monolítica, en realidad se fisura, es el preludio de un colapso. Durante este tiempo florecen iniciativas asimilables a microgobernanzas locales, independientes y dinámicas, pero no federadas entre sí.

Pensée unique
et différente
L. Vallière 15 Nov 09
Gilles Chauviret

2
El colapso del sistema pone la sociedad patas arriba, pero acelera el proceso por el que acceder a una nueva economía.

Chute
la Vallée Mai 2003
Gilles Clément

3
Nacimiento de una forma de economía desglobalizada que opera de forma atomizada en el territorio. Cada parte se conecta con las otras partes, pero el conjunto no responde a un modelo funcional único y federado (véase *La economía del hidrógeno*, de Jeremy Rifkin).

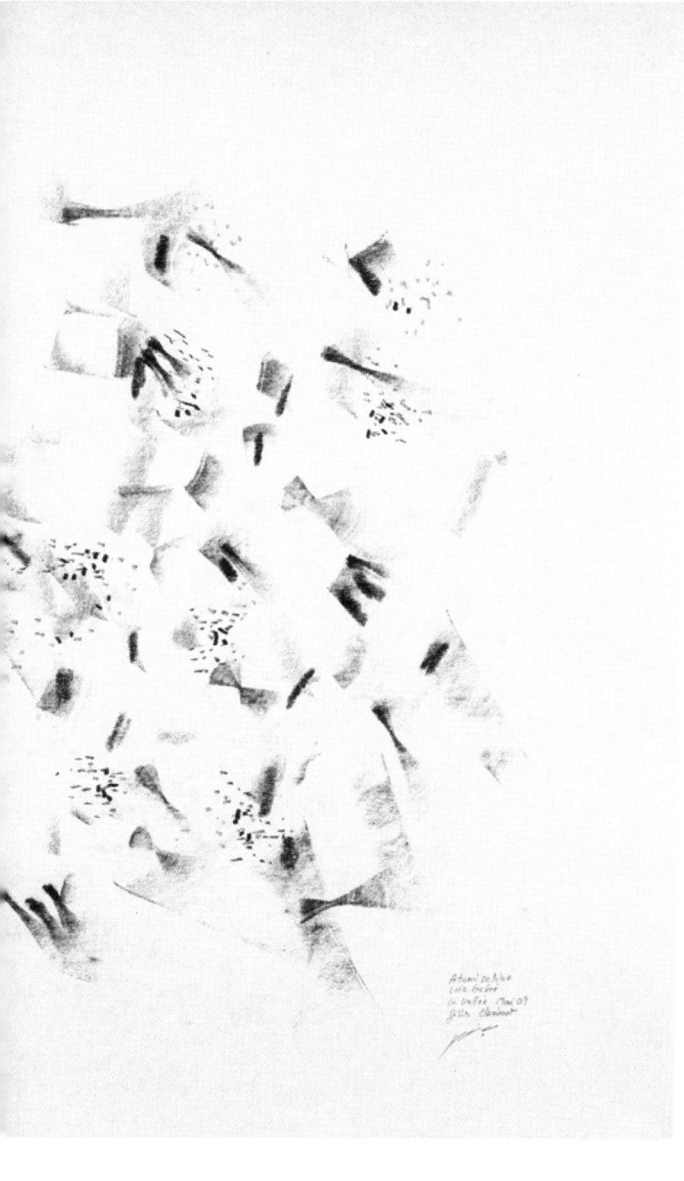

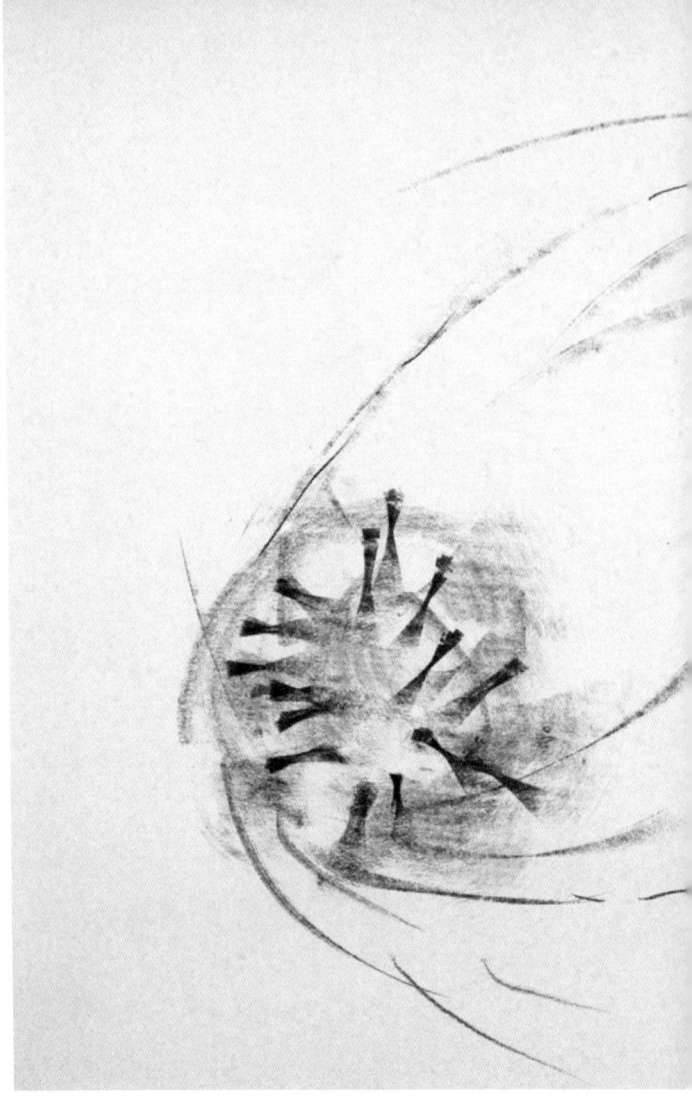

4

Cada una de las partes organiza y hace crecer las producciones y los intercambios locales (trazos cortos y oscuros). Al mismo tiempo, cada una de estas partes está involucrada en intercambios distantes (trazos largos y claros) para aquello que no puede ser intercambiado de otro modo (elementos materiales imposibles de producir localmente) o que no causa un impacto en el medioambiente (intercambios inmateriales, cultura, formación, etc.).

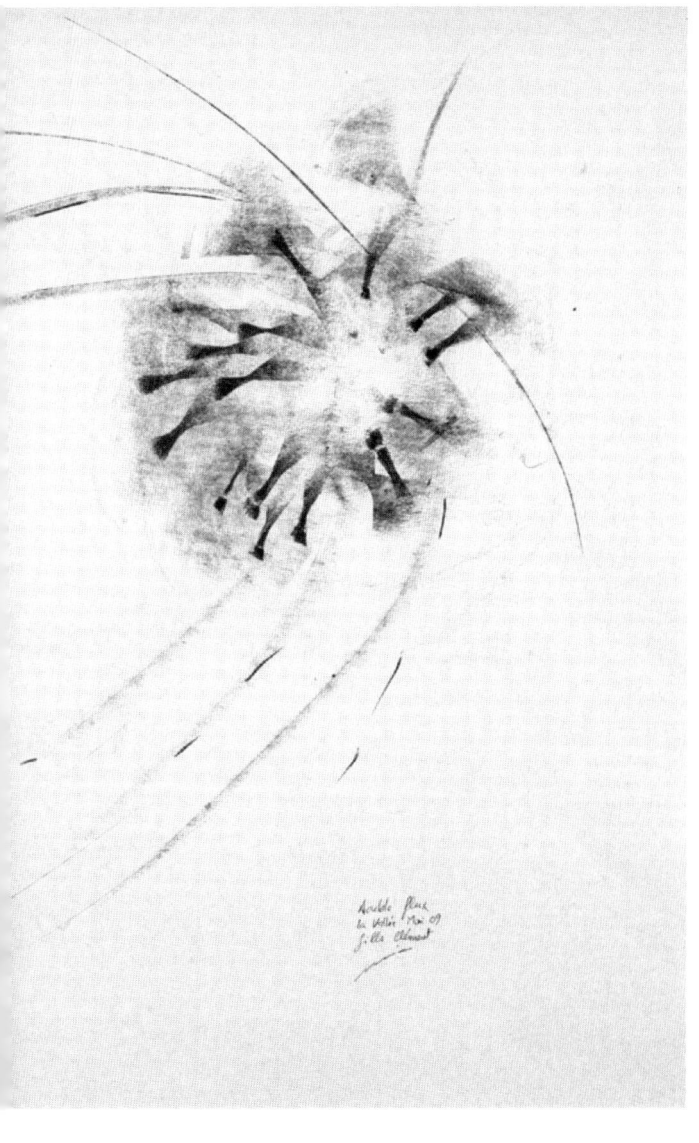

Amaldei fleur
La Vallée, Mai 09
Gilles Clément

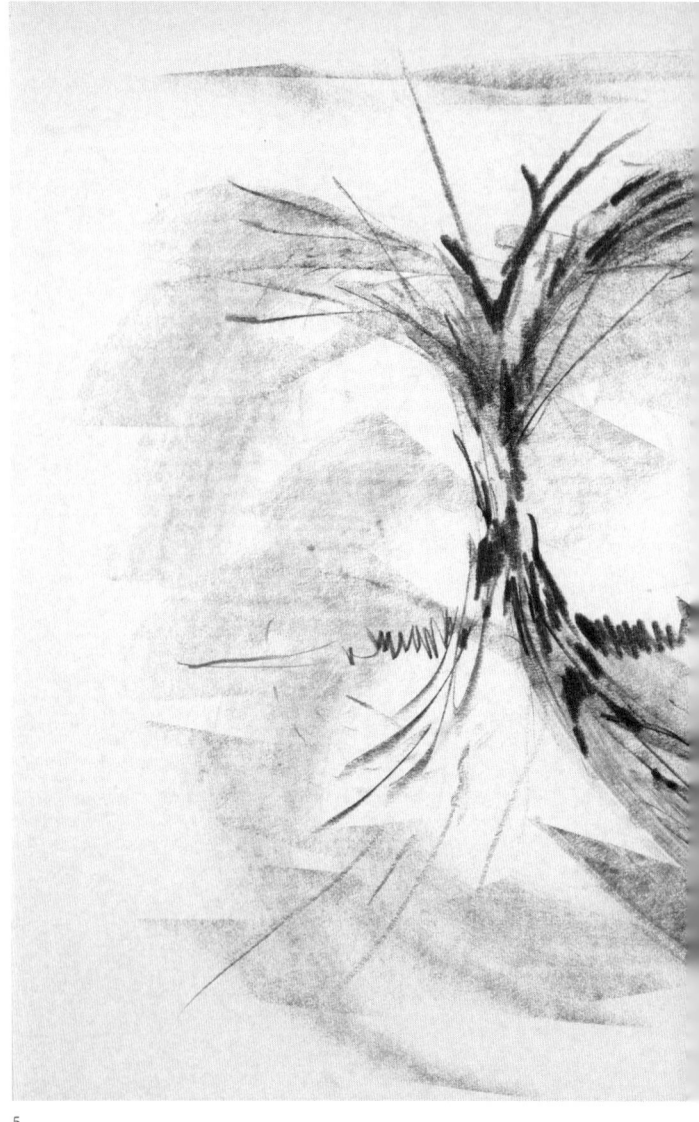

5
Dentro de estos intercambios, todo es objeto de reciclaje; un producto material se concibe sin perder de vista su posible reciclaje (cómo reintroducir en el medioambiente la energía que ha obtenido de él y cómo hacerlo sin degradar la energía empleada). El árbol expresa los principios de este reciclaje permanente: las hojas que caen al suelo (residuos) sirven de alimento al propio árbol.

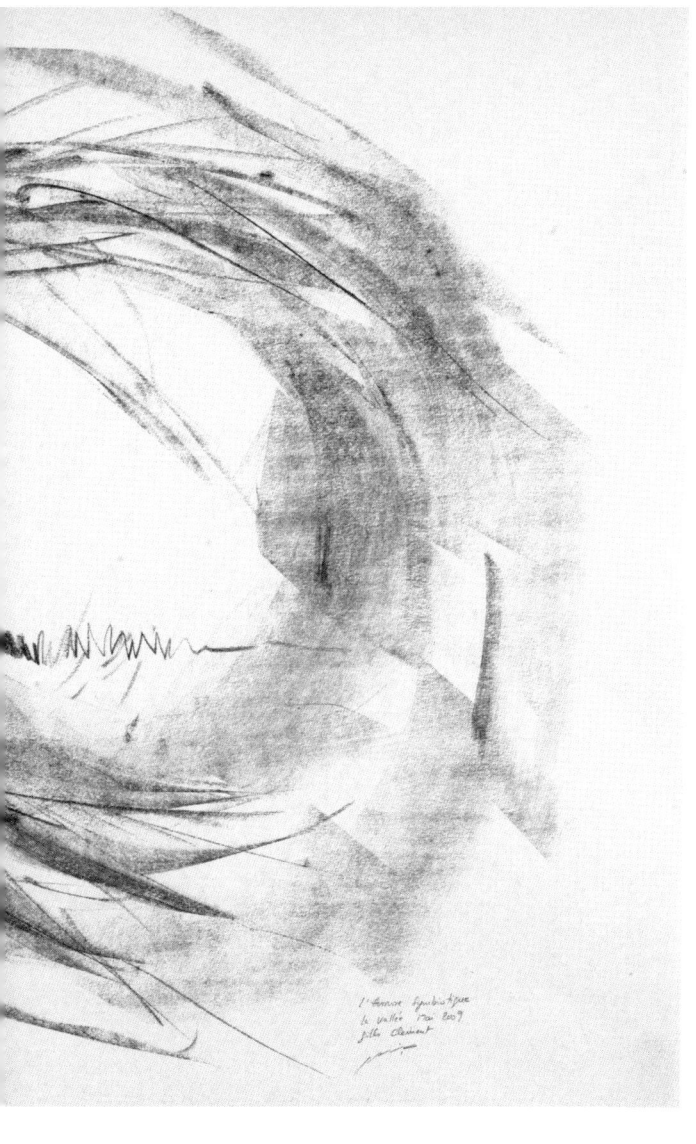

l'amour symbolique
la vallée sur 2009
gilles Clément

6
La hierba tiene el mismo poder que el árbol. No hay jerarquización en el mecanismo de la economía circular.

Gilles Clément (Argenton-sur-Creuse, 1943), jardinero, paisajista y botánico, fue profesor durante mucho tiempo en la Escuela Nacional Superior de Paisaje de Versalles. Es autor de diferentes parques y espacios públicos, como el parque Matisse (Lille), el parque André Citroën y los jardines del Musée du Quai Branly (estos dos últimos en París), y lleva muchos años realizando experimentos en su jardín de La Vallée. En 2022 recibió el Premio Global de Arquitectura Sostenible de la Cité de l'Architecture et du Patrimoine de París.

De entre sus ensayos destacan *Manifiesto del Tercer paisaje* (2004), *El jardín en movimiento* (2007), *Jardines, paisaje y genio natural* (2012) y *Breve tratado del arte involuntario* (2014), estos dos últimos títulos publicados por esta misma editorial en 2021 y 2024.